ダジャレで覚える
カタカナ語辞典

やまかえ

はじめに

この本は「カタカナ語」を言葉遊びやダジャレを交えながら
ノリで覚えちゃおう！　という本です。

「よく耳にするけど意味がよくわからない」
「似たような言葉とごっちゃになってる……」
そんな「カタカナ語」の意味を知ることで
身の回りにあふれているカタカナがまた楽しく見えてきます。

ムリヤリなダジャレもあります！
でもかえって印象に残るかもしれません！

覚えにくい言葉があったら
自分でも考えてみるのも
楽しいですよ！

語尾が**ション**
のときに
登場します

しょんぺんこぞう

カタカナ語は本国の人に通じる？

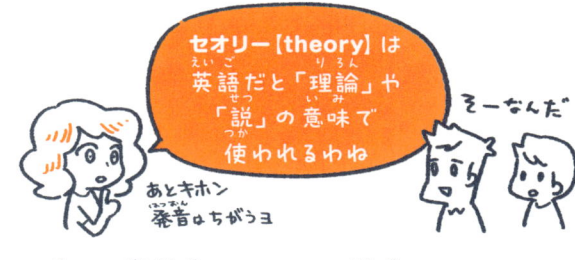

セオリー【theory】は英語だと「理論」や「説」の意味で使われれるわね

そーなんだ

あとキホン発音もちがうヨ

「カタカナ語」は外国語をもとにした言葉ですが
由来となった言葉とは意味がかわっていたり
日本で作られた言葉（和製英語）、また日本独特の略語や文法で
使われていることもあります。
この本では、もとになった言葉とも比較して紹介しています。

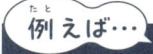

例えば… 『テンション』の意味を比べると……

ゴール！

せんぜんちがうギ

カタカナ語

テンションが上がる
興奮する、気持ちが湧き上がる

もとの言葉（英語）

テンション【tension】
緊張、張り

もとのことばでは

もとの言葉と違う意味だったりほかの意味もある言葉は
このマークがついているので参考にしてください。

もくじ

ネットで使われるカタカナ語

セットで覚えたいカタカナ語

まめちしき深ぼり

日常で使う カタカナ語

おとなしくお茶なんて飲んでられるか!!

ヒャハー!!!

悪ティー部

アクティブ

活発な、活動的な

アクティブ【active】

① 活発で活動的なようすを表します。

彼女は**アクティブ**だね

② 積極的なようすを表します。

アクティブに働きかける

宿題の量をへらしましょう！

もとのことばでは 語源（英語）では【active】は形容詞なので、カタカナ語の使い方だと違和感があります。ちなみに、英語での名詞形は、アクティビティー【activity】。

エスカレート

しだいにことが大きくなったり、激しくなること

エスカレート 【escalate】

段々（だんだん）に大（おお）きくなったり激（はげ）しくなること。

争（あらそ）いが**エスカレート**していく

派生語（はせいご）…**エスカレーター**

カリスマ

人を惹きつける才能や魅力を持った人

カリスマ 【Charisma】（ドイツ語）

人の心を惹きつける強い魅力のこと。

あの監督には**カリスマ性**があるので
チームをうまくまとめられるだろう

カリスマモデルが着た服は
すぐ売り切れる

 **もとのことばでは** 語源はギリシャ語で、「神の恵み」「神の恩寵」を意味する「カリス」に由来する言葉。

ギャップ

隙間、考え方や意見の違いや隔たり

ギャップ【gap】

考え方や意見の違いや隔たり、ずれを表します。

ジェンダーギャップ

> 性差の違いにより生じる、さまざまな格差のこと

頭かたいなぁ☆

女に大事な仕事は任せられん

※日本では女性管理職の
比率は 15 ％ 以下
男女の賃金の格差は
先進国平均の 2 倍水準
（2024年時点）

ジェンダー【gender】
「男らしさ」「女らしさ」など社会や文化の中で作られた性差のこと。

ジェネレーションギャップ

今のファミコンはすごいんだねえ

> 世代間での考え方の違い、ずれ

スマホ・
ゲーム

もとの ことば では	語源の英語では物理的・地理的・経済的な隔たりや、空白・差を表します。

ミニサイズ油あげ

一口でいけるコン

コンパクッと

コンパクト
小さくまとまっている

コンパクト 【compact】

①小さくまとめたり、小型な物を指します。

荷物を**コンパクト**に
まとめる

コンパクトカー

②おしろいやパフなどを入れる鏡のついた
携帯用の化粧用具のこと。

コンパクト
（化粧用具）

もとの
ことば
では

英語では「小型の」という意味。
ぎっしり詰まった状態を表すときにも使います。

サイ来る

サイクル
周期、繰り返し

サイクル【cycle】

周期。ひとめぐりして、もとへ戻ることを繰り返すこと。

サイクルが続く

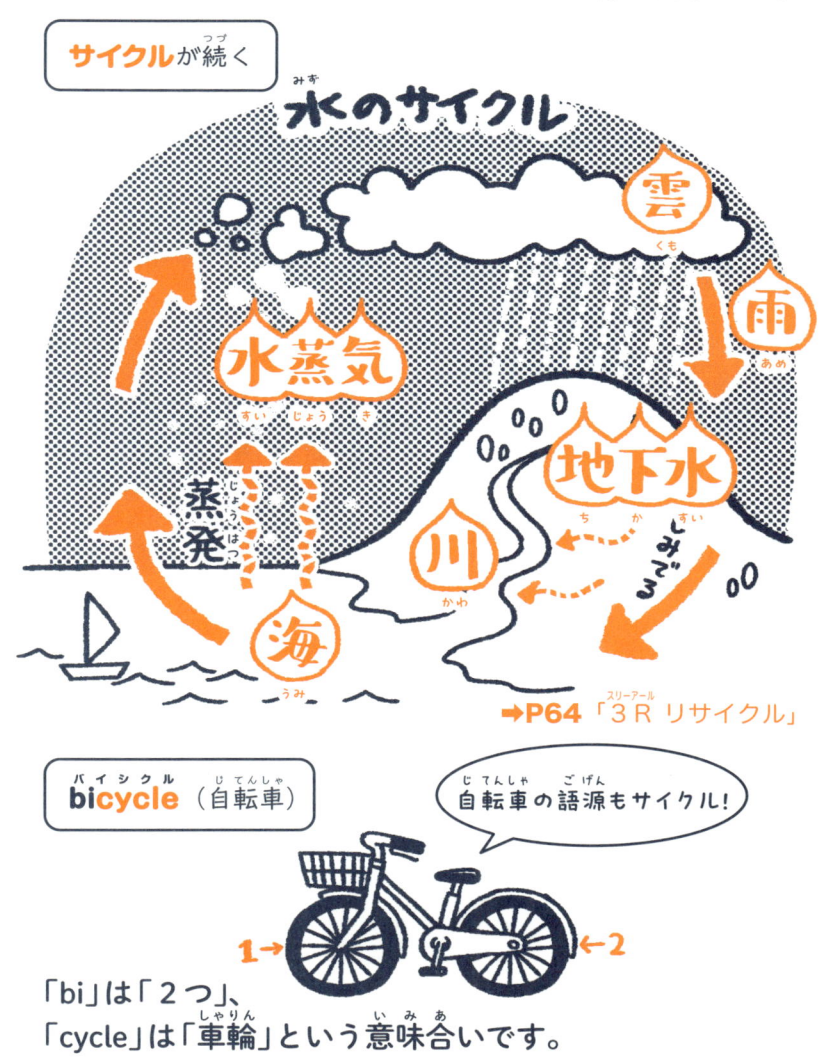

水のサイクル

雲（くも）

雨（あめ）

水蒸気（すいじょうき）

地下水（ちかすい）

しみでる

蒸発（じょうはつ）

川（かわ）

海（うみ）

➡P64「3R リサイクル」（スリーアール）

bicycle（バイシクル）（自転車・じてんしゃ）

自転車の語源もサイクル！（じてんしゃ ごげん）

1→ ←2

「bi」は「2つ」、
「cycle」は「車輪（しゃりん）」という意味合い（いみあ）です。

シェア

共有する、市場占有率

シェア【share】

①分け合うこと。

> お菓子の詰め合わせを
> みんなで**シェア**する

②共同で持つこと。

> ゲームを弟と**シェア**する

3時から
オレのばん！

Ⓛ

③市場占有率。特定の市場のなかで、ある商品が
どれくらいの割合を占めているかを示す比率のこと。

> 福井県はメガネフレームの
> 国内生産**シェア**約95％を占めている

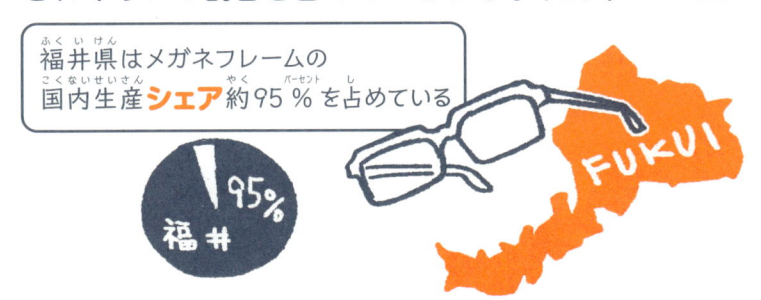

95%
福井

FUKUI

どんな状況…!?

シチュエーション
状況、特別な場面、立場

シチュエーション【situation】

現実、物語にかかわらず、状況や場面、人物の立場などを
表すときに使います。

シミュレーション

模擬実験

シミュレーション【simulation】

現実では実験が難しい場面をモデルを使って再現し、分析すること。

コンピューターで
くしゃみの飛沫がどこまで飛ぶか
シミュレーションをおこなう

ライオンが逃げたときどう対応するか
シミュレーションをしてみよう

シミュ　シュミ

よくシュミレーションって
間違えやすいね

酢タンス

タンスに
住まわせて
もらっている
立場です！

スタンス

立場、態度

スタンス【stance】

① その人の立場や態度。

> 彼は正確な記事を書くために
> 現地取材の**スタンス**をつらぬいている

② 物事に対する姿勢ややる気。

> 部長としての**スタンス**を問われる

**もとの
ことば
では**
語源の英語では、もともとは物理的な立ち方（姿勢）という意味。そこから転じて、カタカナ語では立場・態度といった意味で使われています。

セオリー
定説、理論、学説

セオリー【theory】

カタカナ語では主に「定説」（ある事柄について
その説が正しいと広く認められている説）の
意味で使われます。

オセロでは
角を取るのが**セオリー**！

セオリーどおりに
やれば勝てる！

もとの
ことば
では

語源の英語では、「理論」「学説」「理屈」「仮説」「持論」などを
意味します。

ターゲット

まと、対象、標的

ターゲット【target】

英語で「まと」の意味。
標的にする、ねらうという意味で使います。

デリカシー

<ruby>感<rt>かん</rt></ruby><ruby>覚<rt>かく</rt></ruby>、<ruby>感<rt>かん</rt></ruby><ruby>情<rt>じょう</rt></ruby>などの<ruby>細<rt>こま</rt></ruby>やかさ

デリカシー【delicacy】

人の心や感情などを敏感に感じ取り、
細やかな気遣いや心配りができるようすを指します。

この人には**デリカシー**がない

デリカシーに欠ける言動

泣いてんの？なんで？！

何かあった？なんで？ねえどうして?!

おいしいわ

デリカシーを持って人に接しよう

もとのことばでは

デリケート【delicate】の名詞形。カタカナ語では気持ちなどの表現に使われることが多いですが、英語では繊細なものや扱いに注意すべきものを指すときに使います。

と一10タル

全部で何L？

トータル

合計、総計、全体的

トータル【total】

合計、総計。転じて全体的にとらえることを指します。

10L × 10
トータルで100L

トータルコーディネート
（和製英語）

全身の服装を全体的な
バランスを考慮しながら
組み合わせて整えること。

トラぶる

ぶるぶる

ぶる ぶる

トラブル

もめごと、故障

トラブル 【trouble】

いざこざや事故、故障など、問題があることや
問題そのものを指します。

予期せぬ**トラブル**に
巻き込まれてしまった

彼は膝に**トラブル**を
抱えている

エンジントラブルで動かない

ニュアンス

言葉などの微妙な意味合い

ニュアンス【nuance】

言葉などの微妙な意味合い、差異。
「雰囲気」だったり、「〜な感じ」の意味で使われています。

細かい**ニュアンス**が伝わりづらい

東北弁の**「いずい」**ってどういう意味？

「いずい」っていうのはこう…なんかしっくりこないことなんだけど…標準語では表現しづらくて…

いずい〜

彼女の言葉は照れの**ニュアンス**を含んでいる

あ…あんたなんて全然好きじゃないんだからネ!!

脳はう

うまく這うコツは
リズム良く足を動かすコト!

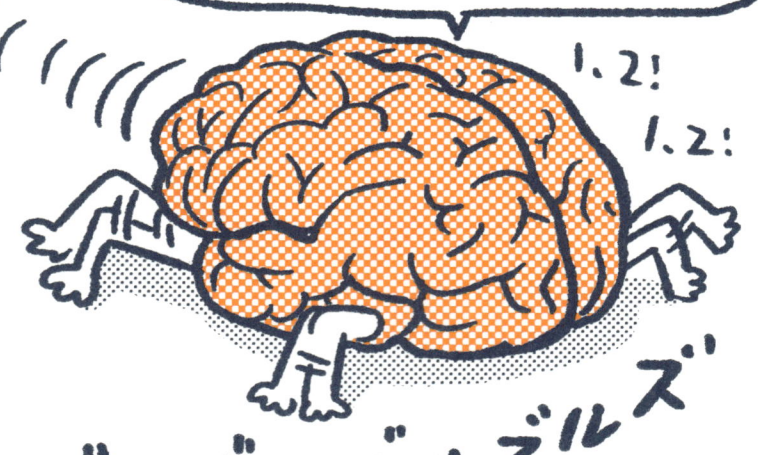

1,2!
1,2!

ルズルズルズルズルズ

ノウハウ
物事のやり方、コツ

ノウハウ【know-how】

語源は英語の know（知る）- how（やり方）
専門的な技術やコツのことを指します。

あの人は泥団子を
ピカピカにする
ノウハウを持っている

秘伝の技

ノウハウを活かす

パン生地こね
のノウハウを
活かして
肩をもむ

**もとの
ことば
では**　語源は英語ですが、英語圏ではあまり使われません。
同じ意味で、メソッド【method】、プロセス【process】を
使うことが多いです。

教師＝ティーチャー【teacher】

フィーチャー（する）

目立たせる、特集する

フィーチャー【feature】する

英語の重要な役割を果たす意味の
動詞フィーチャー【feature】と日本語の「する」を
組み合わせた和製英語です。
何かを特徴づけ目立たせたり、新聞や雑誌など
報道で特集することを指します。

高校生に
フィーチャーした作品

イベントで中華まんが
フィーチャーされる

注意 **フューチャー**【future】未来、将来 間違えやすいよ！

未来のティーチャー　フューチャー　でしょう？

これが半年後のおまじ…

フォーカス
焦点、注目すること

フォーカス【focus】

焦点やピントを合わせること。
転じて、注目したり意識を集中させる意味で使われます。

カメラの**フォーカス**を
合わせる

裏方の仕事に
フォーカスをあてる

プ列車

さあさあさあさあ

お前も列車に乗らないか

プレッシャー
圧力

プレッシャー【pressure】

精神的、または物理的な圧力のこと。

決して失敗できない
プレッシャーを感じる

PK戦の**プレッシャー**を
はねのけ優勝した

プレッシャーを かける・与える	**プレッシャー**に 弱い・強い	**プレッシャー**を 乗り越える

**もとの
ことば
では**　カタカナ語では精神面に使われることが多いですが、語源の英語では、物理的な圧力に対して使われることが多いです。

梢は鈍い音を立てると
力無くうなだれた。
その様ははかなくも
荒々しく自然の強さを
感じるのであった……

ボキャブラリー
単語の知識

ボキャブラリー 【vocabulary】

語彙力、単語の知識量と表現の手段として用いる技術を指します。

もちべえしょん

モチベーション
やる気、意欲、動機

モチベーション【motivation】

行動を起こすきっかけになる刺激や意欲を意味します。

具体的な目標とごほうびを掲げたら
モチベーションが上がった

地区優勝で
焼肉食べ放題!!

テストの点数が伸びなくて
勉強の**モチベーション**が下がってしまった

ランダム

無作為、なりゆきまかせ

ランダム 【random】

法則性（ほうそくせい）がなく、予測（よそく）が不可能（ふかのう）な状態（じょうたい）のこと。

カードを**ランダム**に選（えら）ぶ

これ

先生（せんせい）がテストを返（かえ）す順番（じゅんばん）は完全（かんぜん）に**ランダム**だ

※実際の進化図とは違います。

ルーツ

根源、祖先

ルーツ【roots】

物事の由来や発祥のこと。

自分の**ルーツ**をたどる

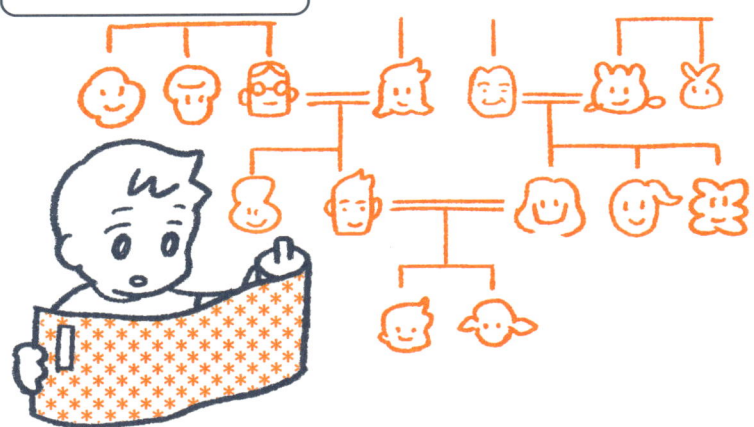

鯉のぼりの**ルーツ**を探る

室町

江戸

明治

武家の旗　　黒い鯉1匹　　カラフルに！

**もとの
ことば
では**　語源はもともと植物などの根を指す英語ルート【root】。
そこから物事の由来や発祥なども指します（複数形の場合）。

麺（メン）タル

メンタル【mental】

精神的（せいしんてき）な、心（こころ）の

メンタルが強（つよ）い・弱（よわ）い

おげんきそうで
なによりです！

強（つよ）い

弱（よわ）い

メンタルをやられる
（精神的（せいしんてき）に落（お）ち込（こ）む）

カタカナ語①

ひじ軽っ!!（フィジ）

フィジカル【physical】 肉体的な、身体の

フィジカルが強い・弱い

サッカーなどのスポーツでは
体力面や体をぶつけ合った際に
跳ね返す体幹の強さを指します。

けっこう上手くぬれた

ぬりすぎ

ぬらなすぎ

ベター

ベター【better】　比較的良い

①ほかより良い、より良い。

そのシャツに合わせるなら明るい色の方が**ベター**だね

②1番ではないけど良い、優れていること。

目当ての物はなかったが**ベター**な選択をした

・スペシャル ~~売りきれ~~
・ハンバーガー
・チーズバーガー
・ダブルバーガー

カタカナ語❷

※服のベストは【vest】。

最高に上手くぬれた!!

記念にベスト作った!!

ベスト

ベスト【best】	最も良い

①最上、最良

> 自己ベストだ!
> （自分の記録で一番良い記録）

②最善、全力

> ベストを尽くそう!
> （全力を出そう）

セット 覚（おぼ）えたい

個性的（こせいてき）な テーブル、ってイイよねー

ポ字（ジ）ティー部（ブ）

ポジティブ【positive】　積極的（せっきょくてき）な、前向（まえむ）き

積極的（せっきょくてき）であったり、物事（ものごと）を良（よ）い方向（ほうこう）に考（かんが）えようとするようす。

ポジティブ思考（しこう）を心（こころ）がけている

テストは悪（わる）かったけど これで自分（じぶん）の弱点（じゃくてん）が わかった…

あの人（ひと）は **ポジティブ**だ

みてみて！

前髪（まえがみ）切（き）り すぎちゃった!! ウケる!!

もとの ことば では　英語（えいご）では他（ほか）にも、「確信（かくしん）した」「明確（めいかく）な」「完全（かんぜん）な」「実際的（じっさいてき）な」「陽性（ようせい）の」などの意味（いみ）があります。

カタカナ語❸

ネガティブ【negative】　悲観的な、後ろ向き

悲観的、消極的で考え方が後ろ向きなようす。

| ネガティブ思考に陥りやすい | ネガティブな印象を受ける |

もとのことばでは　語源となる英語では、他にも「否定の」「打ち消しの」「控えめな」「陰性の」という意味があります。

3Rとは

3R（スリーアール）とは、リデュース（Reduce）、リユース（Reuse）、リサイクル（Recycle）の3つのR（アール）の総称です。
ゴミを減らし資源を有効的に繰り返し使う社会（循環型社会）を作ろうとする取り組みです。

リデュース【Reduce】ゴミを減らす。

食品ロス
（食べ残しや
売れ残り）を防ぐ。

マイバッグを利用。

リユース【Reuse】使えるものは繰り返し使う。

使わなくなった
ものを譲る・
中古品を利用する。

リターナブル瓶
（お店に返して何度も使用
する瓶）を利用する。

リサイクル【Recycle】ゴミを資源として再び利用する。

ゴミは
分別する。

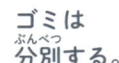

再生品を買う。

➡P20 サイクル
➡P75 SDGs

ニュースで見る
カタカナ語

あっちの方がお安いよ
飲みーよ！

ええ子
やなあ

ええ子 飲みー

エコノミー
経済、節約、経済的な

エコノミー 【economy】

①経済。
②経済的、節約的なことを指します。

> **エコノミーパック**はお得だ

> 飛行機で
> ※**エコノミークラス**の席を取る

※一般的な席のことですが、
ほかの席に比べて運賃が安いため
こう呼ばれています。

よく「エコ」と略して使われます。（和製英語）

> 暖房を※**エコモード**にする

※電気量を節約する運転のことです。

➡P68 混同しやすい言葉「エコロジー」

ええ子路地

エコロジー
環境にやさしい

エコロジー 【ecology】

もともとは「生態学」「自然環境保護運動」を指す
言葉ですが、人間生活と自然との共存をめざす
考え方からカタカナ語では「自然環境に配慮」
「地球にやさしい」という意味合いで使われています。

打ち水は電気を使わない
暑さ対策なのだ
エコロジーだ

英語的にいうと
エコロジカル
【ecological】

朝や夕方と
日陰にまく
のがコツ

よく「エコ」と略して使われます。（和製英語）

エコバッグ

**エコロジー
エコノミー**
どっち??

※エコバッグは
エコロジーが
語源です。

どちらもエコと略されるエコロジーとエコノミー

両方の意味を含んだ使い方をされる場合もありますが、「環境に配慮」
と「節約」が必ずしも両立するわけではないので注意が必要です。

家庭ゴリー
（カテイ）

単独世帯ゴリ
（たんどくせたい）

核家族世帯ゴリ
（かくかぞくせたい）

三世代世帯ゴリ
（せだい）（せたい）

カテゴリー
部類、分類、ジャンル
（ぶるい）（ぶんるい）

カテゴリー 【category】

性質や特徴をもとに分類することを
カテゴライズ 【categorize】 といいます。

クジラやイルカは哺乳類の
カテゴリーに属する

哺乳類

魚類

料理を調理方法によって
カテゴライズする

焼く

揚げる

煮る

コンプライヤんす^(ア)

コンプライアンス
法令や規則をよく守ること

コンプライアンス【compliance】

もともとは社会的なルールや法令・規則などを
守ることを指しますが、法律以外の社会的ルールに
したがい、活動をおこなう意味でも使われています。

わが社では**コンプライアンス**を
意識してプラスチック製品は
避けています

ちくわストロー

カタカナ語ではよく「コンプラ」と略されます。

すみません
コンプラ的に
下ネタはちょっと…

400年前から
やってるん
だけど…?

いつまでもなぶり続けられる！！

指す手なぶる

サステナブル

持続可能な

サステナブル【sustainable】

もともとは、維持できる、耐えうるを意味する言葉。
現在は後述のSDGsに絡めて「持続可能な（開発目標）」の
意味で扱われるようになりました。

SDGs（エスディージーズ）とは？

Sustainable Development Goals（持続可能な開発目標）の略。
「世界中にある環境問題や人権問題といった課題を、
世界のみんなで2030年までに解決していこう」という
国際的な計画・目標のことです。

➡**P17**「ジェンダーギャップ（をなくす）」
➡**P89**「ユニバーサルデザイン」 これらもSDGsの試みのひとつです。

戦士ティー部

センシティブ
とても繊細なこと

センシティブ【sensitive】

「敏感な」「感じやすい」「傷つきやすい」
という意味です。
転じて、「取り扱いに注意」や「慎重さが求められる」
という意味合いでも使われます。

彼はとても**センシティブ**だ

※感性のきめ細やかさも意味します。

花ははかない…

宗教や人種の話は
センシティブな問題なので
相手への理解が大切だ

アリガトウ！

こちらはアルコールや
豚肉、豚を原料とした
調味料は使っていません！

イスラム教徒

※宗教によっては、食べられない物のルールが細かく決められています。

バッシング

大勢からの度を越した非難

バッシング【bashing】

個人や団体に対して、不条理な批判や過剰な批判をする行為を指します。

SNS（ソーシャルネットワーキングサービス）を通じて誰もが簡単に批判できるようになった背景もあり社会問題になっています。

> テレビでの発言をきっかけに猛烈な**バッシング**を受ける

おにぎりの具は
梅干し以外
考えられませんね！

ツナマヨ派を
馬鹿にしている!!

梅干し以外
全否定なんて最低!!

そもそもおにぎりに
具があるのが当然と
思っているのが勘違い

じゃあおまえ一生
パン食うなよ

腹セメント

やめて下さい

ハラスメント
嫌がらせ

ハラスメント 【harassment】

いじめや嫌がらせなど人を困らせることを指します。

近年では性別や年齢、職業、人種、身体的特徴などに対する
ありとあらゆる「ハラスメント」に名前が付けられ、
「〇〇・ハラスメント（〇〇ハラ）」の名称で意識づけられています。

セクシャル・ハラスメント
性的な嫌がらせ

パワー・ハラスメント
上下関係を用いた嫌がらせ

モラル・ハラスメント
人格否定などの
精神的な嫌がらせ

いろいろな
ハラスメントがあるけど
「失礼なことはダメ!!!」

バリアフリー
障害がない

バリアフリー【barrier-free】

障壁（バリア）を取り除く（フリー）意味で作られた言葉です。
障壁となるものを取り除くことで全ての人が
同じように生活できるようにすることを指します。

日本やほかのいくつかの非英語圏の国でのみ使われている
用語なので英語ではあまり使われません。

バリアフリーの例

スロープ

低い位置に
ボタンがある
自動販売機

点字ブロック

**もとの
ことば
では**　英語だとアクセシビリティ【accessibility】という言葉が
使われています。

規則違反の罰として
このティーを飲んでもらう

苦っ

ペッ ペッ ペッ ペッ ペッ

ペッなるティー

ペナルティー

（反則に対する）罰則

ペナルティー 【penalty】

規則の違反やスポーツの反則に対する罰のこと。

もれるもれるもれる…

もらさない　　　　　もれる

モラル!!

もらさない　もらる　もれる

道徳的に許さない!!

モラル

倫理的な、道徳的な

モラル【moral】

倫理や道徳意識（人として守るべきおこないや道のこと）を表します。

> 街中でポイ捨てをするなんて
> **モラル**が低い

> 無断で他人の写真を撮るなど
> **モラル**に欠けた行動だ

タレントだー

湯に婆サル

この世のすべてはわしの湯の中にある

ユニバーサル
一般的な、宇宙の、全世界の

ユニバーサル【universal】

① 一般的、すべてに共通であること。

> まちづくりには
> **ユニバーサル**な
> 視点が必要だ

だれもが暮らしやすいまちに！

② 宇宙や全世界、またそのぐらい大規模なようす。

> **ユニバーサル**な
> 規模の計画

ユニバーサルデザイン
身体能力の違いや年齢、性別、国籍にかかわらず、
できるだけ多くの人が使いやすいデザインのこと。
日本の新紙幣にもユニバーサルデザインが取り入れられています。

旧紙幣

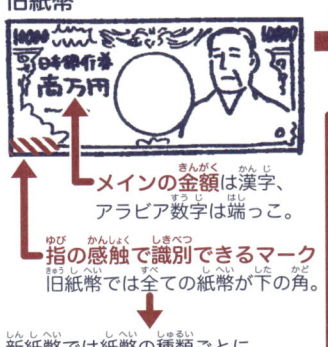

メインの金額は漢字、
アラビア数字は端っこ。

指の感触で識別できるマーク
旧紙幣では全ての紙幣が下の角。

新紙幣では紙幣の種類ごとに
ついている場所が違っているので
場所で判別できる。

新紙幣（2024年7月〜）

メインの金額をアラビア数字で大きく表示
（外国の人でもわかりやすい）。
各紙幣を違う色でカラフルに
（文字が読めなくても見分けやすい）。

リス9

> お山に帰るためには
> 9匹のリスをくぐり抜け
> なくてはならないのか…

リスク

危険

リスク【risk】

将来起こるかもしれない危険性や危険が起こりそうな度合いのこと。

今、二度寝をすると遅刻する**リスク**が高い

リスクをおかしてでも二度寝をする

メリッと

メリット【merit】　利点や価値、好都合な点

自転車に乗れることは
大きな**メリット**になる

荷物いっぱい
運べる　→

←速い

楽　↗

もとの
ことば
では
語源の英語では、「価値」「長所」「取り柄」を意味します。

出・メリッと
で──っ!!!
でっ
ヒョコ

デメリット【demerit】 　不利益になる点、欠点

甘いお菓子には
虫歯になりやすいという
デメリットもある

 もとの
ことば
では　語源の英語では、「短所」「落ち度」「罰点」を意味します。

タコって
くしゃみするの？

創作
だから…

ホントは
しないョ…

フィクション【fiction】 創作、作り話

本当の話ではない、想像で書かれた架空の物語のこと。

このドラマは**フィクション**です。
実在の人物や団体などとは関係ありません。

警察だ!!

このドラマはフィクションです。
実在の人物や団体などとは関係ありません。

よく見る

NONフィクション

ね、本物は
くしゃみしないでしょ？

タコにコショウを
かける実験です

……

わかったけど
なぜこんな
実験を…

さあ…

ノンフィクション【nonfiction】	実話

実話。主に文学、映像作品などで、創作の混じらない現実に起きた話を指します。

あるピアニストの半生を描いた
ノンフィクション映画

まめちしき　海外で使われている日本語

カタカナ語は日本で使われている外国語をもとにした言葉ですが、
逆に日本語をもとにした言葉も海外で使われています。

SATSUMA（サツマ）

さつまいも……？　かと思いきや、じつは温州みかんのこと。
いろんな説がありますが
薩摩藩（現在の鹿児島）からの由来です。

MOTTAINAI（モッタイナイ）

ノーベル平和賞を受賞したケニアの環境保護活動家、
ワンガリ・マータイさんが日本語の「もったいない」という言葉に
感銘を受け、この日本語を環境を守る世界共通語「MOTTAINAI」として
広めることを提唱しました。

MOTTAINAIは　→P64　3Rを一言で表しているわ！

KAWAII（カワイイ）

日本語と同じように「かわいい」の意味で
使われますが特にアニメやキャラクター、
原宿系ファッションなど
「日本的でかわいいもの」に対して使われるようです。

KAWAII!

ネットで使われる
カタカナ語

ネット

網、インターネット

ネット【net】

①網・網状のもの。

　テニスやバレーボールのコートの中央に張る網など。

②インターネット【internet】の略称（和製英語）。

　インターネットとは世界中のコンピューターなどの
情報機器を接続するネットワーク【network】
（つながり）のことです。
現代の私たちの生活には欠かせないものになっています。

ネットワークの語源も**ネット**

網（**ネット**）のように張り巡らされているよ

ホームページ

メールやSNS

オンライン会議

チケット購入
ショッピング

この先 渋滞です

交通情報

オンラインゲーム

通信回線やネットワークに
つながっていることを**オンライン**【online】といいます。

データ

物事をうらづける事実や資料

データ【data】

①何かを推理するときの基礎となる事実。
また、参考となる資料・情報のこと。

データに基づいた推理

ぼくのデータによると
ニシローランドゴリラは
全員B型…
そしてマウンテンゴリラは
A型とO型のみ

きみはA型！
つまりきみの正体は
マウンテンゴリラだ！

ワタシが…!!!

②コンピューター処理のために数値化された情報を
指します。

このパソコンには
町と町民のありとあらゆる
データが入っている

ソフト上あ

ソフトクリームの上に「あ」をのっけろ！！！

ソフトウエア

コンピューターに命令を出すプログラム

ソフトウエア 【software】

ソフトウエアとはコンピューターに命令を出すプログラムを指します。パソコンやスマートフォンなどもソフトウエアで動かしています。
省略して「ソフト」と呼ばれます。ゲーム機で遊ぶ「ゲームソフト」もソフトウエアのひとつです。

対して、ソフトウエアで動かすパソコンやスマートフォンなどの電子機器をハードウエア【hardware】「ハード」と呼びます。

可愛いあの娘に愛を告げる
どきどきハートフルゲーム

愛コン
入手

アイコン

内容を表した絵記号、象徴

アイコン 【icon】

①ファイルの内容やアプリケーションの機能などを
一目でわかるように絵記号化したもの。

SNS（ソーシャルネットワーキングサービス）
などでは使っている人を
示す画像も指します。

KATAKANA

②象徴的（形にしづらい物事をわかりやすいものに
置き換えること）なもの。

彼女はポップカルチャーの
アイコン的存在だ

アップロード

サーバー

アップロード
データをサーバーに転送すること

アップロード 【upload】

データを手元のコンピューターからネットワーク上の
「サーバー」に転送することをいいます。

➡**P100** 「データ」
➡**P99** 「ネットワーク」

サーバーとは

ホームページやメールなどの情報を受け取ったり配ったりする
コンピューターで「データの保管庫」です。
逆にサーバーからデータを手元に転送するのは
ダウンロード 【download】 といいます。

旅行の写真を
アップロードする

アップデート

前の状態から新しい内容にかえること

アップデート 【update】

①前の状態から新しい内容にかえること。
コンピューターのシステム（動かす設計図のようなもの）
などを新しくすることをいいます。
「アプデ」と略されることもあります。

②転じて、考え方を新しく改めることを指します。

多様性のある社会を迎えるため
価値観を**アップデート**していかなければならない

コンテンツ

文字、音声、映像を使って表現される創作物

コンテンツ 【contents】

語源は「内容」「中身」の英語。
カタカナ語としては文字、音声、映像を使って
表現される創作物、情報そのものを表します。

デジタルコンテンツ
デジタルデータによるコンテンツ

アナログコンテンツ
触れることができる
実物をともなったコンテンツ

空は飛べるぞい！

テクノロジー

科学技術

テクノロジー 【technology】

科学技術、科学の研究を人の生活に役立たせる方法。

パフォーマンス

演奏、上演、性能、人目を引こうとする行為

パフォーマンス 【performance】

① 演劇・音楽・舞踊など芸術表現を上演すること。

芸術的な**パフォーマンス**だ

② 人目を引くためにする行為。

きっと支持集めの
パフォーマンスに
違いない

ねこを
ほっとけない
こころやさしい

ボク！

③ 性能や効率のこと。

巨大ピザは**コスパ**がいい

寝不足は勉強の
パフォーマンスが落ちる

パソコンの
処理速度を表す
ときにも使います。

コスパ→コスト（費用）パフォーマンス
価格に対して性能、効率がいいこと。
タイパ→タイム（時間）パフォーマンス
少ない時間で効率的に利益を得られること。

どちらも
和製英語だよ

プライバシー

個人の情報や秘密

プライバシー 【privacy】

（主に他人に触れられたくない）個人的な事柄・秘密。
また、それが他人から口出しされない権利も含みます。

勝手に写真を SNS に載せるなんて
プライバシーの侵害だ

家族の間でも**プライバシー**はある

みないでよ

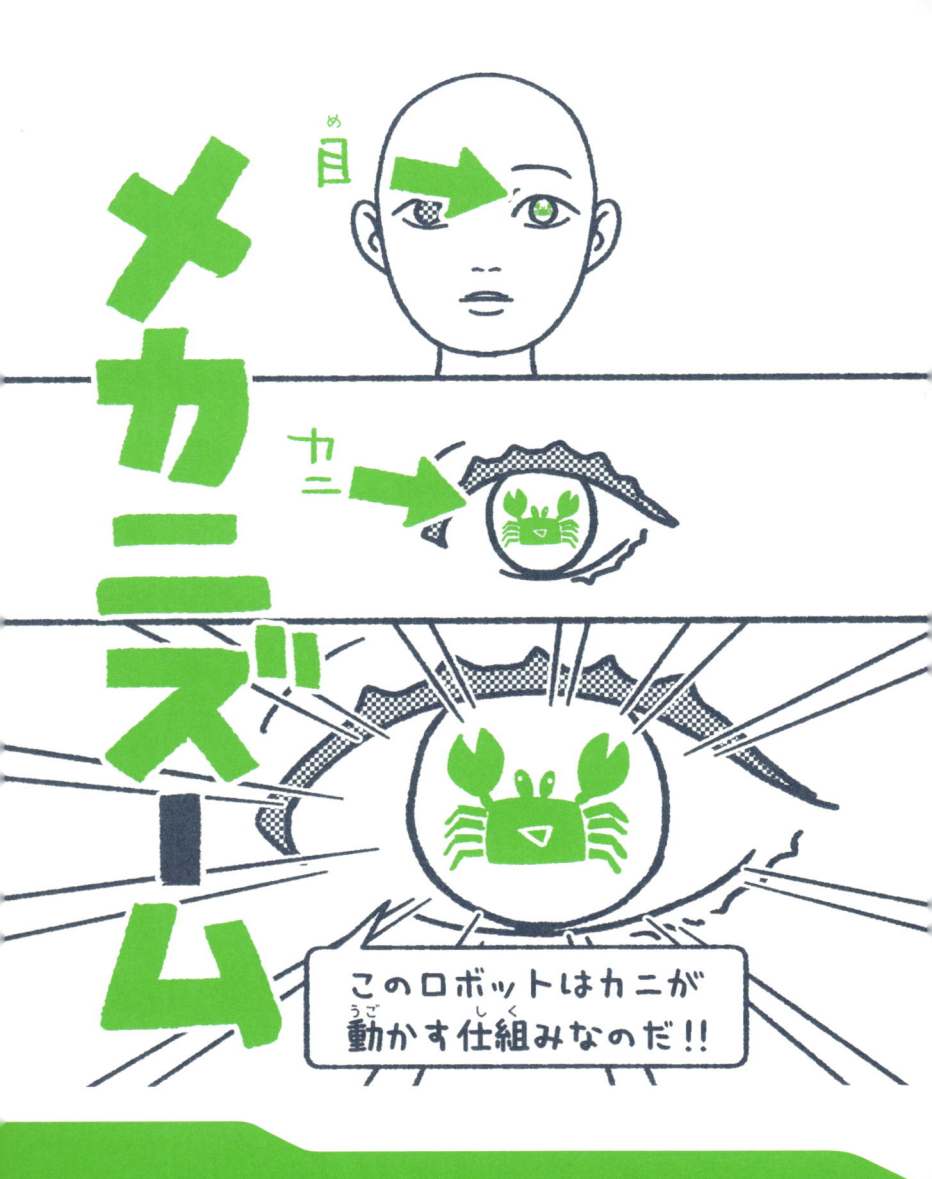

目

カニ

このロボットはカニが動かす仕組みなのだ!!

メカニズム

物事の仕組み、機構

メカニズム 【mechanism】

本来の意味は機械の装置、機構の意味ですが
物事の仕組みや構造のことも指します。

火力発電のメカニズム

ボイラー
蒸気
発電機　電気
タービン
燃料
復水器
水
海水
海水

問題のメカニズムを解き明かす

何故ダイエットしているのに太った…?

ごはん少なめ　運動　ごほうび　ごはん少なめ

119

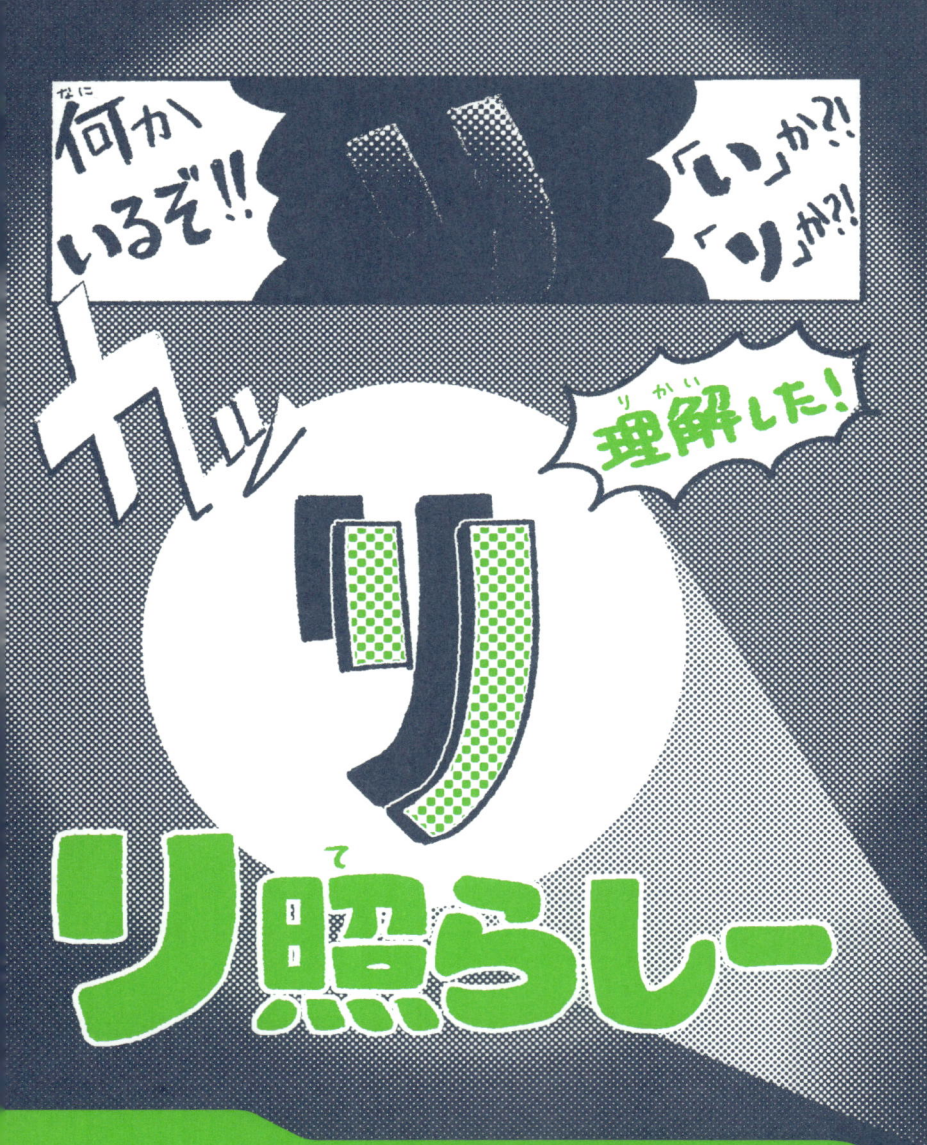

リテラシー

理解能力

リテラシー【literacy】

ある一定の分野に対する知識や理解、
転じて、「常識力」に近い使われ方をします。

点字ブロックの上に
物を置くなんて
リテラシーが低い

ネットリテラシー

インターネットを
適切に使いこなす能力のこと。

出どころはデマで
有名なサイトだ

フェイク
ニュース
か…

彼は**ネットリテラシー**が
高いのでおもしろいニュースでも
必ず信用できる情報源か
確認するよう心がけている

ネットリテラシーが低いと不用意に嘘の情報を信じたり自分の
情報を公開してしまうことで、トラブルに遭ってしまいます。

もとの ことば では	英語ではもともとは読み書き能力を意味します。ネットリテラシー以外で上記のような意味では使われません。

リモート

はな
離れていること

リモート 【remote】

離(はな)れていること。遠隔(えんかく)、距離(きょり)が遠(とお)いことを指(さ)します。
2019年(ねん)に起(お)こった新型(しんがた)コロナウイルス感染症(かんせんしょう)の
影響(えいきょう)によって人(ひと)の密集(みっしゅう)をさける行動様式(こうどうようしき)が推(お)し進(すす)められ
インターネットを通(つう)じて遠隔(えんかく)で仕事(しごと)をする
リモートワークやリモート授業(じゅぎょう)などが広(ひろ)まりました。

リモートワーク

職場(しょくば)ではなく離(はな)れた場所(ばしょ)
（自宅(じたく)など）で仕事(しごと)をすること。

リモート会議(かいぎ)

離(はな)れた場所(ばしょ)
（自宅(じたく)など）での会議(かいぎ)。

リモート授業(じゅぎょう)

学校(がっこう)ではなく離(はな)れた場所(ばしょ)
（自宅(じたく)など）での授業(じゅぎょう)。

リモートコントロール（リモコン）
※和製英語(わせいえいご)

離(はな)れた場所(ばしょ)から操作(そうさ)する機械(きかい)。

コンピューターで制御する

ピ

イメージ

出字タル

| デジタル【digital】 | 離散的（値や数量がとびとびになっている）なデータ、転じてコンピューターを用いた技術 |

カタカナ語では主にコンピューターを利用した表現、技術を指します。

古い書籍を**デジタル**化してみんなが見られるようにする

穴ログ（アナログ）

人力でほった

イメージ

アナログ【analog】

連続的なデータ、転じてコンピューターを用いていない技術

カタカナ語ではコンピューターを利用していない表現、技術を指します。

単語帳は**アナログ**な方法だが覚えやすい

➡P111　「デジタルコンテンツ」「アナログコンテンツ」

デジタル、アナログは本来（ほんらい）、情報（じょうほう）の表現方法（ひょうげんほうほう）の違（ちが）いを指（さ）します。

デジタル

ある情報（じょうほう）を数値化（すうちか）して段階的（だんかいてき）に表現（ひょうげん）すること。

7時（じ）23分（ぷん）

アナログ

ある情報（じょうほう）の連続的（れんぞくてき）なデータ、そのものの表現（ひょうげん）。

7時22分（ふん）と23分（ぷん）の間（ま）だけどちょっと22分寄（よ）り

デジタル時計（どけい）の場合（ばあい）は分刻（ふんきざ）みや秒刻（びょうきざ）みでしか時間（じかん）を表現（ひょうげん）できませんが、アナログ時計（どけい）の場合（ばあい）は数値化（すうちか）できない時間（じかん）を表現（ひょうげん）します。

デジタル

アナログ

絵（え）であれば、デジタルはごく小（ちい）さな四角（しかく）（ドット）で記録（きろく）するので、拡大（かくだい）していくと「段差（だんさ）」が見（み）えてきます。
デジタルはデータの保存（ほぞん）やコピーしやすい利点（りてん）がありますが、アナログは情報量（じょうほうりょう）が多（おお）く、細（こま）やかで微妙（びみょう）な表現（ひょうげん）に向（む）いています。

アナログ　本来の意味

Q. 新しい技術＝デジタルってコト？

**A. じつは昔から
デジタルはあります**

例えば、そろばんは「数字を段階的に示している」ので
デジタルに分類されます。

わしゃ
アナログ人間での

めっちゃ
デジタル
じゃん

デジタル時計が1秒刻みでしか

できないように、
「段階」で数字を示しています。

デジタルかアナログかは構造の問題なので
古い新しいは関係しません。

コンピューターのデータは「二進法」といって0と1で構成されて
いますので、コンピューターで記録、表現されたものは「デジタル」に
なります。急速なコンピューターの発展でデジタル化が進むなかで
「デジタル＝新しい」「アナログ＝古い」の印象がついたようです。

やまかえ

宮城県出身。漫画家、イラストレーター。
本作が単独での初の児童書となる。

監修　株式会社 講談社パル
協力　落合 朋子
　　　神保 冬和子

ダジャレで覚える　カタカナ語辞典

2024 年 9 月 17 日　第 1 刷発行

著　やまかえ

発行者　森田浩章
発行所　株式会社　講談社
　　　　〒 112-8001 東京都文京区音羽 2-12-21
　　　　電話　編集 03-5395-3535
　　　　　　　販売 03-5395-3625
　　　　　　　業務 03-5395-3615
印刷所　共同印刷株式会社
製本所　大口製本印刷株式会社
装丁デザイン　長﨑 綾（next door design）
DTP　脇田明日香

N.D.C.812 127p 21cm　©Yamakae 2024 Printed in Japan　ISBN978-4-06-536904-3